I0259764

www.ingramcontent.com/pod-product-compliance
Lightning Source LLC
Chambersburg PA
CBHW081017040426
42444CB00014B/3246
* 9 7 8 1 9 3 9 0 9 9 4 4 0 *

شغل ها

تمرین های کمک درسی

Jobs

A Farsi Activity Book

Nazanin Mirsadeghi

Illustrated By: Maurice Gabry

Bahar Books

www.baharbooks.com

Mirsadeghi, Nazanin
    Jobs (A Farsi Activity Book) (Persian/Farsi Edition)- Nazanin Mirsadeghi

Illustrations: Maurice Gabry

This book remains the property of the publisher and copyright holder, Bahar Books, LLC.
All rights reserved under International Copyright Conventions.
No part of this book (including the images) may be used, distributed or reproduced in any forms or by any means without the prior written permission of the publisher.

ISBN 13: 978-1-939099-44-0
ISBN 10: 1939099447

Copyright © 2014 by Bahar Books, LLC

Published by Bahar Books, White Plains, New York

یادآوری

هدف اصلی "مجموعه کمک درسی" فراهم آوردن تمرین هایی ست که با کتاب های آموزش زبان فارسی دوره ابتدایی هماهنگی داشته و در ضمن با کمک گیری از بازی ها و جدول ها، یادگیری مطالب تازه را برای دانش آموزان ساده تر کنند.

این کتاب که نام سی و سه شغل فارسی را به کودکان می آموزد و همچنین سایر کتاب های مجموعه ی کمک درسی می توانند به عنوان تمرینات اضافه در کنار کتاب های اصلی آموزش زبان فارسی توسط آموزگاران و پدران و مادران دانش آموزان مورد استفاده قرار گیرند.

Pronouncing Persian Letters

ǎ like the "a" in arm	* آ – ا
b like the "b" in boy	بـ – ب
p like the "p" in play	پـ – پ
t like the "t" in tree	تـ – ت
s like the "s" in sun	ثـ – ث
j like the "j" in jam	جـ – ج
č like the "ch" in child	چـ – چ
h like the "h" in hotel	حـ – ح
ǩ like "ch" in the German word *bach*, or Hebrew word *smach*.	خـ – خ
d like the "d" in door	د
z like the "z" in zebra	ذ
r like the "r" in rabbit	ر
z like the "z" in zebra	ز
ž like the "z" in zwago	ژ
s like the "s" in sun	سـ – س
š like the "sh" in shell	شـ – ش
s like the "s" in sun	صـ – ص
z like the "z" in zebra	ضـ – ض

t like the **"t"** in **t**ree	ط
z like the **"z"** in **z**ebra	ظ
' is a glottal stop, like between the syllables of "uh-oh".	عـ - ـعـ - ـع - ع
ğ like the **"r"** in French word *merci*	غـ - ـغـ - ـغ - غ
f like the **"f"** in **f**all	فـ - ف
ğ like the **"r"** in French word *merci*	قـ - ق
k like the **"k"** in **k**ite	کـ - ک
g like the **"g"** in **g**ame	گـ - گ
l like the **"l"** in **l**ost	لـ - ل
m like the **"m"** in **m**aster	مـ - م
n like the **"n"** in **n**ight	نـ - ن
v like the **"v"** in **v**an	و
o like the **"o"** in **o**cean	و
On some occasions, it has no sound and becomes silent.	و
u like the **"u"** in s**u**re	* او- و
h like the **"h"** in **h**otel	هـ - ـهـ - ـه - ه
e like the **"e"** in **e**lement	ـه - ه
y like the **"y"** in **y**ellow	یـ - ی
i like the **"ee"** in n**ee**d	* ایـ - ـیـ - ـی - ای

* long vowels

a like the "a" in animal	ﹷ - اَ **
o like the "o" in ocean	ﹹ - اُ **
e like the "e" in element	اِ - ﹻ **

** short vowels

Arabic Signs

Represents doubled consonants.	ّ
' is a glottal stop, like between the syllables of "uh-oh".	ء
an like "an" in the "can"	ً

Persian Letters with the Same Pronunciation

t like the "t" in tree	ت - ت
	ط
ğ like the "r" in French word *merci*	ق - ق
	غ - ـغـ - ـغ - غ
h like the "h" in hotel	ح - ح
	هـ - ـهـ - ـه - ه
s like the "s" in sun	ث - ث
	س - س
	ص - ص

z like the "z" in zebra	ذ
	ز
	ض
	ظ

Names of Persian Letters

alef	آ-ا
be	ب - بـ
pe	پ - پـ
te	ت - تـ
se	ث - ثـ
jim	ج - جـ
če	چ - چـ
he	ح - حـ
ǩe	خ - خـ
dăl	د
zăl	ذ
re	ر
ze	ز
že	ژ

sin	س - سـ
šin	ش - شـ
săd	ص - صـ
zăd	ض - ضـ
tă	ط
ză	ظ
eyn	ع - ـع - ـعـ - عـ
ğeyn	غ - ـغ - ـغـ - غـ
fe	ف - فـ
ğăf	ق - قـ
kăf	ک - کـ
găf	گ - گـ
lăm	ل - لـ
mim	م - مـ
noon	ن - نـ
văv	و
he	ه - ـه - ـهـ - هـ
ye	ی - یـ

Exercise 1

تمرین ۱

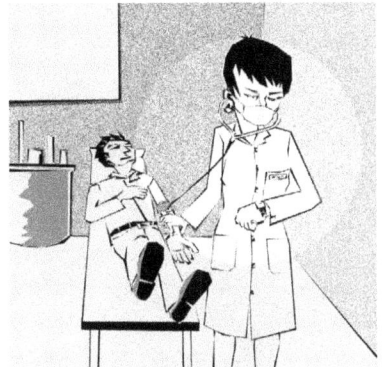

Doctor

دُکتُر

/dok.tor/

Nurse

پَرَستار

/pa.ras.tăr/

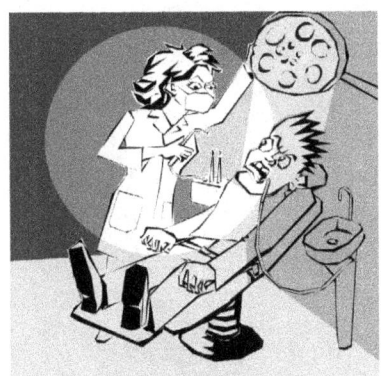

Dentist

دَندانپِزِشک

/dan.dăn.pe.zešk/

Read the words for each picture and write the letters in their places.

با کمکِ شکل ها، هر کلمه را بخوان و صداهایش را در جدولِ روبرویش بنویس.

دُکتُر

پَرَستار

دَندانپِزِشک

هر کلمه را به شکلش وصل کن.

Connect each word to its picture.

دُکتُر

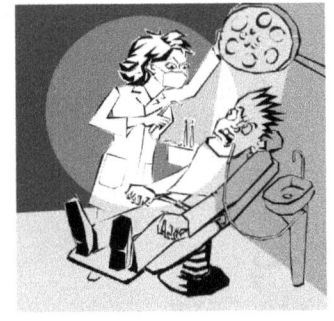

دَندانپِزِشک

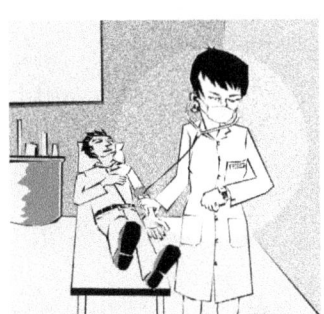

پَرَستار

Find the word below in the puzzle.　　　　　　　　　　　کلمه ی زیر را در جدول پیدا کن.

پَرَستار

ت	ف	ض	ب	ه	ل
ف	ظ	ن	ح	پ	ج
چ	ل	و	ا	ر	م
ز	ا	ر	د	س	پ
ر	ز	چ	س	ت	ک
ی	د	ن	ک	ا	د
ک	ش	ا	ذ	ر	م

١٢

Write the letters for each word.

صداهای هر کلمه را بنویس.

دُکتُر = ___ + ___ + ___ + ___

پَرَستار = ___ + ___ + ___ + ___ + ___ + ___

دَندانپِزِشک = ___+___+___+___+___+___+___+___+___

Read the word for each picture and write the letters for each word in the puzzle.

با کمکِ شکل ها، هر کلمه را بخوان و جایش را در جدول پیدا کن.

پَرَستار

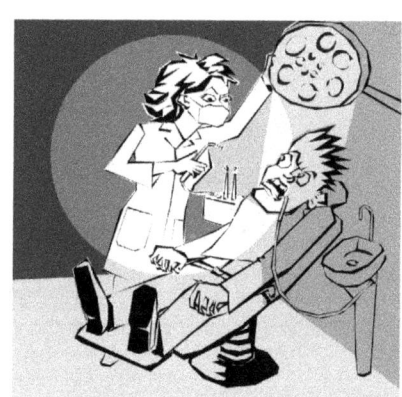

دَندانپِزِشک

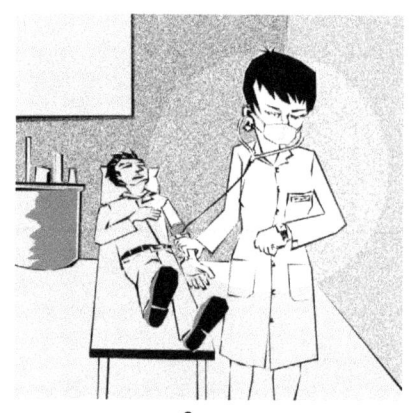

دُکتُر

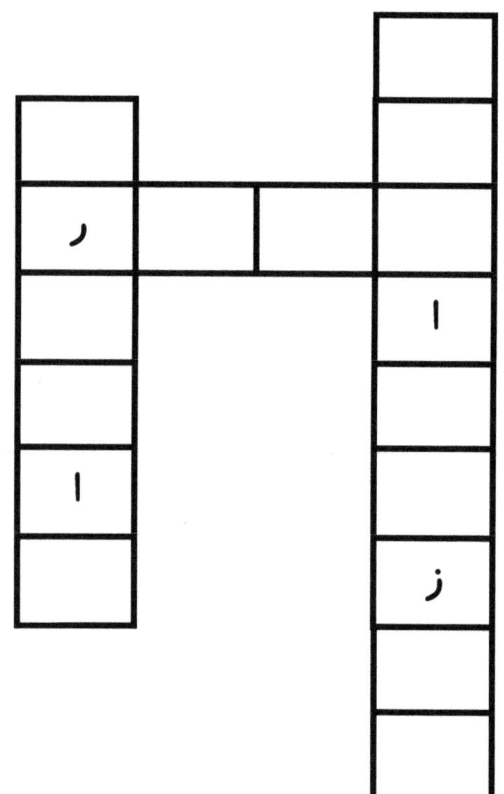

۱۴

هر کلمه ی فارسی را به معادلِ انگلیسی اش وصل کن.

Connect each Persian word to its English meaning.

پَرَستار	Dentist
دَندانپِزِشک	Nurse
دُکتُر	Doctor

Look at the picture and complete the sentence below.

به این شکل نگاه کن و جمله ی زیر را کامل کن.

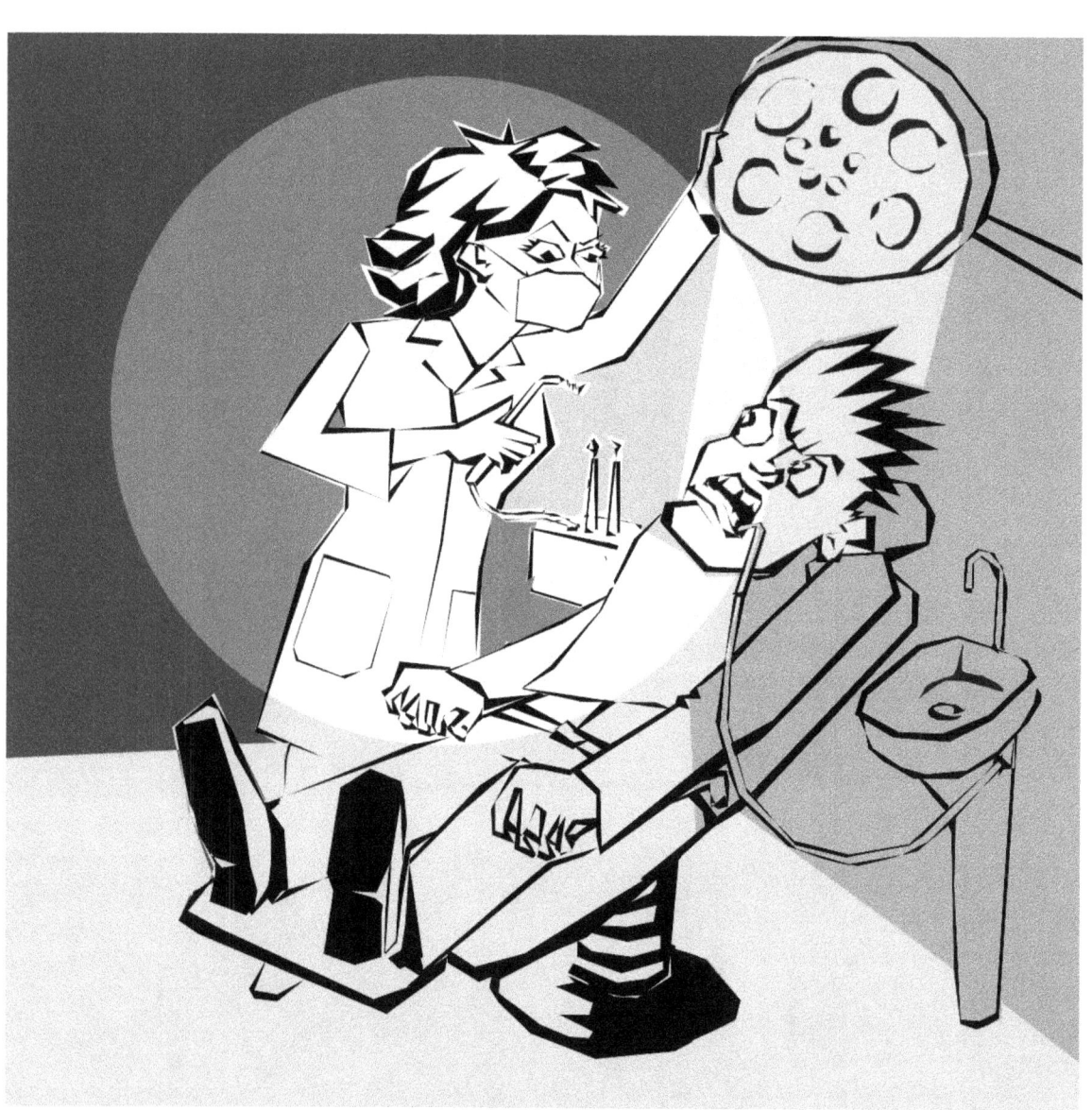

این زن _____ است.

Exercise 2   تمرین ۲

Cook

آشپَز

/ăš.paz/

Waiter

گارسون

/găr.son/

Scientist

دانشمَند

/dă.neš.mand/

Read the words for each picture and write the letters in their places.

با کمکِ شکل ها، هر کلمه را بخوان و صداهایش را در جدولِ روبرویش بنویس.

آشپَز

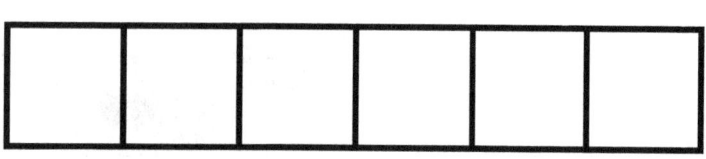

گارسون

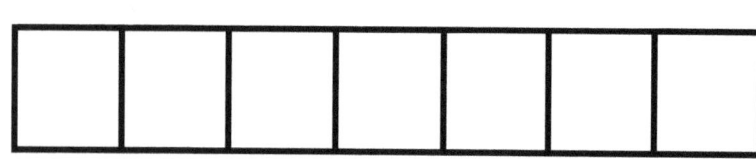

دانِشمَند

Connect each word to its picture.

هر کلمه را به شکلش وصل کن.

دُکتُر

دَندانپِزِشک

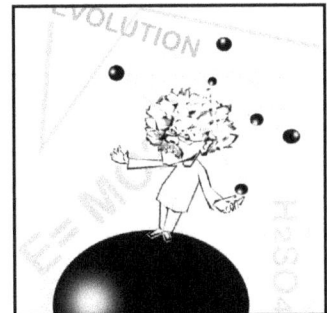

گارسون

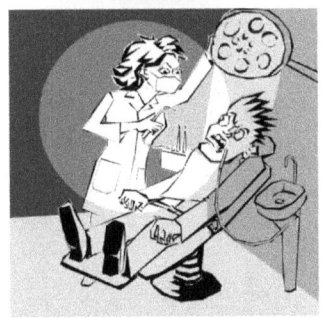

دانِشمَند

آشپَز

Find the word below in the puzzle.　　　　　　　　　　　　　کلمه ی زیر را در جدول پیدا کن.

آشپَز

تـ	آ	ل	ب	ه	ک
ف	شـ	ن	ح	پـ	ه
ز	پـ	شـ	آ	ر	آ
ه	ا	ر	د	سـ	پـ
ر	ی	چ	سـ	تـ	ز
ی	د	نـ	ک	آ	د
و	شـ	ا	ذ	ر	م

Write the letters for each word.   صداهای هر کلمه را بنویس.

آشپَز = ___ + ___ + ___ + ___

گارسون = ___ + ___ + ___ + ___ + ___ + ___

دانِشمَند = ___ + ___ + ___ + ___ + ___ + ___ + ___

Read the word for each picture and write the letters for each word in the puzzle.

با کمکِ شکل ها، هر کلمه را بخوان و جایش را در جدول پیدا کن.

آشپَز

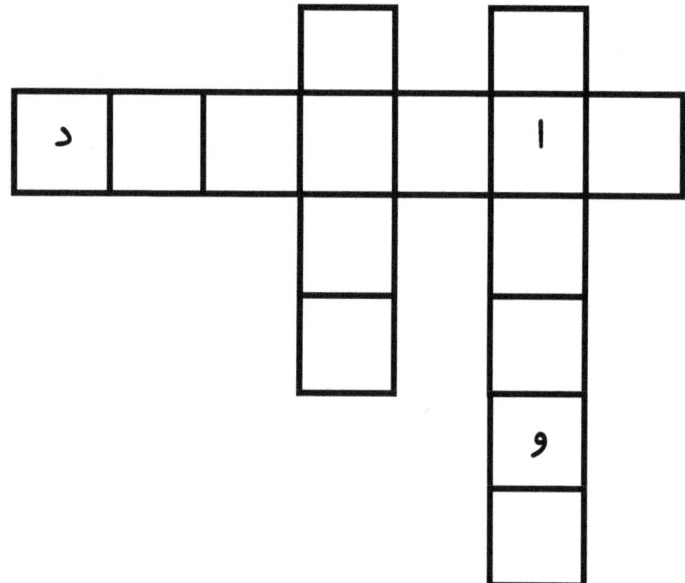

گارسون

دانِشمَند

Connect each Persian word to its English meaning.

هر کلمه ی فارسی را به معادلِ انگلیسی اش وصل کن.

Cook	دانِشمَند
Dentist	گارسون
Scientist	دُکتُر
Doctor	آشپَز
Waiter	دَندانپِزِشک

Look at the picture and complete the sentence below.

به این شکل نگاه کن و جمله‌ی زیر را کامل کن.

این مرد _____ است.

Exercise 3

تمرین ۳

Soldier

سَرباز

/sar.băz/

Librarian

کتابدار

/ke.tăb.dắr/

Geologist

زَمین شناس

/za.mín- še.năs/

Read the words for each picture and write the letters in their places.

با کمکِ شکل ها، هر کلمه را بخوان و صداهایش را در جدولِ روبرویش بنویس.

سَرباز

کِتابدار

زَمین شِناس

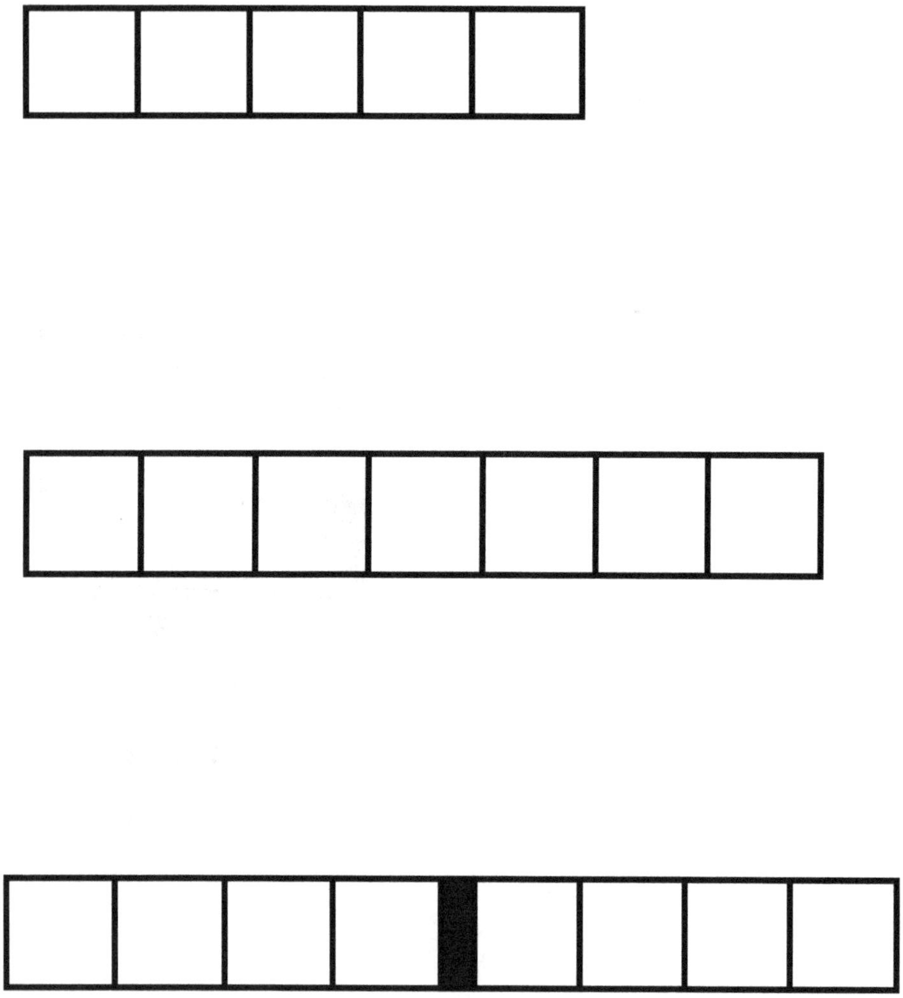

Connect each word to its picture.

هر کلمه را به شکلش وصل کن.

دانِشمَند

سَرباز

گارسون

زَمین شِناس

کِتابدار

Find the word below in the puzzle. کلمه ی زیر را در جدول پیدا کن.

کِتابدار

ت	ف	ض	ب	ک	ل
ف	ظ	ن	ح	تـ	ج
چ	ل	و	ا	ا	م
ژ	ا	ر	د	بـ	پـ
ر	ا	د	سـ	د	ک
ی	د	نـ	ک	ا	د
ک	شـ	ا	ذ	ر	م

۲۸

Write the letters for each word. صداهای هر کلمه را بنویس.

سَرباز = ___ + ___ + ___ + ___ + ___

کِتابدار = ___ + ___ + ___ + ___ + ___ + ___ + ___

زَمین شِناس = ___ + ___ + ___ + ___   ___ + ___ + ___ + ___

Read the word for each picture and write the letters for each word in the puzzle.

با کمکِ شکل ها، هر کلمه را بخوان و جایش را در جدول پیدا کن.

کِتابدار

زَمین شِناس

سَرباز

Connect each Persian word to its English meaning.

هر کلمه ی فارسی را به معادلِ انگلیسی اش وصل کن.

سَرباز

Geologist

گارسون

Librarian

زَمین شِناس

Cook

Waiter

کِتابدار

Soldier

آشپَز

به این شکل نگاه کن و جمله‌ی زیر را کامل کن.

Look at the picture and complete the sentence below.

این مرد _____ است.

Exercise 4

تمرین ۴

Gardener

باغبان

/băğ.băn/

Rancher

دامدار

/dăm.dăr/

Farmer

کشاوَرز

/ke.šă.varz/

Read the words for each picture and write the letters in their places.

با کمکِ شکل ها، هر کلمه را بخوان و صداهایش را در جدولِ روبرویش بنویس.

باغبان

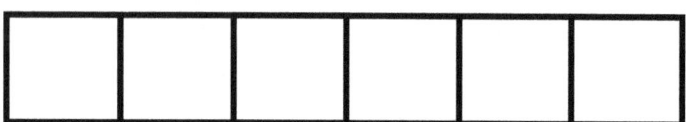

دامدار

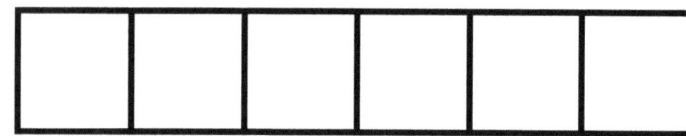

کِشاوَرز

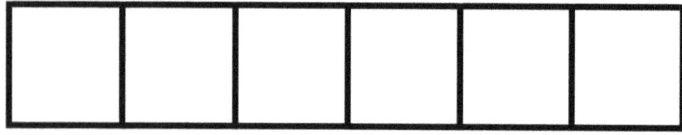

Connect each word to its picture.

هر کلمه را به شکلش وصل کن.

کِتابدار

کِشاوَرز

زَمین شِناس

دامدار

باغبان

Find the word below in the puzzle.   کلمه ی زیر را در جدول پیدا کن.

باغبان

تـ	ف	ض	ل	ه	ل
ف	ظ	ن	ح	ب	ج
چ	غـ	و	ا	ا	م
ن	ا	ر	د	غ	پـ
ر	ز	چ	سـ	بـ	ک
ی	ا	بـ	ک	و	د
ن	ا	بـ	غـ	ا	ب

Write the letters for each word. صداهای هر کلمه را بنویس.

باغبان = ___ + ___ + ___ + ___ + ___ + ___

دامدار = ___ + ___ + ___ + ___ + ___ + ___

کِشاوَرز = ___ + ___ + ___ + ___ + ___ + ___

Read the word for each picture and write the letters for each word in the puzzle.

با کمکِ شکل ها، هر کلمه را بخوان و جایش را در جدول پیدا کن.

باغبان

کِشاوَرز

دامدار

Connect each Persian word to its English meaning.

هر کلمه ی فارسی را به معادلِ انگلیسی اش وصل کن.

Gardener

کِشاوَرز

Geologist

زَمین شِناس

Nurse

باغبان

Rancher

پَرَستار

Farmer

دامدار

Look at the picture and complete the sentence below.

به این شکل نگاه کن و جمله ی زیر را کامل کن.

این مرد _____ است.

Exercise 5

تمرین ۵

Pilot

خَلَبان

/ǩa.la.băn/

Journalist

خَبَرنگار

/ǩa.bar.ne.găr/

Astronaut

فَضانَوَرد

/fa.ză.na.vard/

Read the words for each picture and write the letters in their places.

با کمکِ شکل ها، هر کلمه را بخوان و صداهایش را در جدولِ روبرویش بنویس.

خَلَبان

خَبَرنِگار

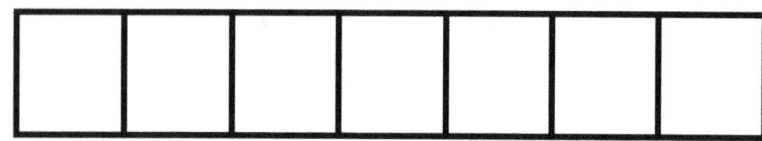

فَضانَوَرد

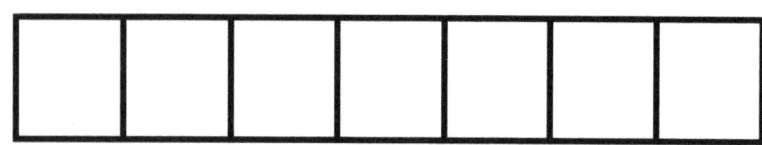

Connect each word to its picture.

هر کلمه را به شکلش وصل کن.

فَضانَوَرد

کِشاوَرز

خَلَبان

دامدار

خَبَرِنگار

Find the word below in the puzzle.

کلمه ی زیر را در جدول پیدا کن.

فَضانَوَرد

ل	فـ	ب	ض	فـ	تـ
ج	ظ	فـ	ا	ضـ	ف
م	ا	ضـ	و	ا	چ
پـ	کـ	ل	ر	نـ	ب
کـ	و	گـ	چ	و	ر
د	ر	و	نـ	ر	ی
م	د	ذ	ا	د	ک

Write the letters for each word.

صداهای هر کلمه را بنویس.

خَلَبان = ___ + ___ + ___ + ___ + ___

خَبَرِنگار = ___ + ___ + ___ + ___ + ___ + ___ + ___

فَضانَوَرد = ___ + ___ + ___ + ___ + ___ + ___ + ___

Read the word for each picture and write the letters for each word in the puzzle.

با کمکِ شکل ها، هر کلمه را بخوان و جایش را در جدول پیدا کن.

فَضانَورد

خَلَبان

خَبَرنِگار

Connect each Persian word to its English meaning.

هر کلمه ی فارسی را به معادلِ انگلیسی اش وصل کن.

Rancher	خَبَرنِگار
Journalist	فَضانَوَرد
Pilot	کِشاوَرز
Farmer	خَلَبان
Astronaut	دامدار

Look at the picture and complete the sentence below.

به این شکل نگاه کن و جمله‌ی زیر را کامل کن.

این مرد ـــــــــــــــــــــ است.

Exercise 6   تمرین ۶

Secretary

مُنشی

/mon.ši/

Teacher

مُعَلّم

/mo.ʿal.lem/

College Student

دانشجو

/dă.neš.ju/

Read the words for each picture and write the letters in their places.

با کمکِ شکل ها، هر کلمه را بخوان و صداهایش را در جدولِ روبرویش بنویس.

مُنشی

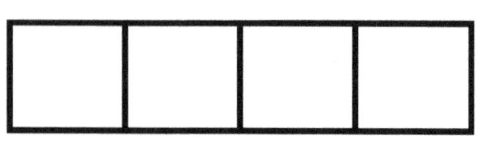

مُعَلِّم

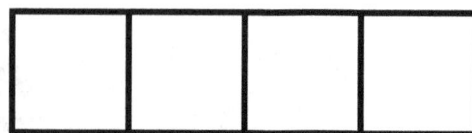

دانِشجو

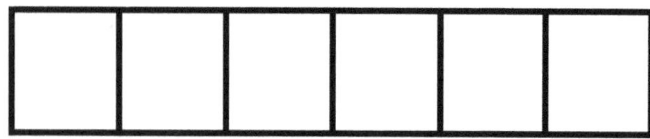

Connect each word to its picture.   هر کلمه را به شکلش وصل کن.

مُنشی

مُعَلِّم

خَلَبان

خَبَرنِگار

دانِشجو

Find the word below in the puzzle.　　　　　　　　کلمه ی زیر را در جدول پیدا کن.

مُنشی

تـ	مـ	ض	ب	ه	ل
ف	ظ	ن	ح	پـ	ج
چ	ل	ی	شـ	نـ	مـ
و	ک	شـ	نـ	مـ	پـ
ر	ی	چ	سـ	تـ	ک
ی	د	نـ	ک	ا	د
ک	شـ	ا	ذ	ر	م

Write the letters for each word.   صداهای هر کلمه را بنویس.

مُنشی = ___ + ___ + ___ + ___

مُعَلِّم = ___ + ___ + ___ + ___

دانِشجو = ___ + ___ + ___ + ___ + ___ + ___

Read the word for each picture and write the letters for each word in the puzzle.

با کمکِ شکل ها، هر کلمه را بخوان و جایش را در جدول پیدا کن.

مُنشی

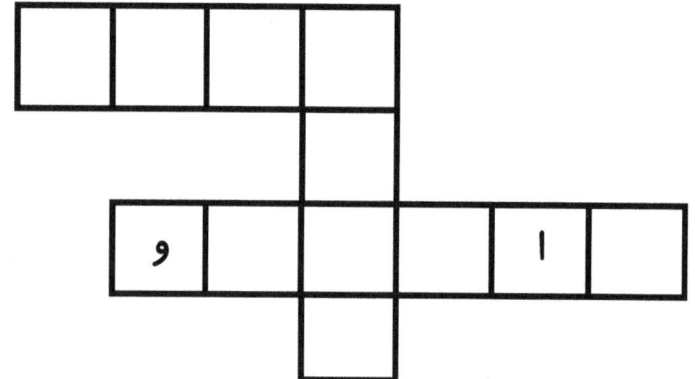

دانِشجو

مُعَلِّم

Connect each Persian word to its English meaning.

هر کلمه‌ی فارسی را به معادلِ انگلیسی اش وصل کن.

College Student   مُعَلِّم

Astronaut   خَلَبان

Secretary   دانِشجو

Pilot   فَضانَوَرد

Teacher   مُنشی

Look at the picture and complete the sentence below.

به این شکل نگاه کن و جمله ی زیر را کامل کن.

این مرد ـــــــــــــــــــــ است.

Exercise 7

تمرین ۷

Mason

بَنّا

/ban.nă/

Ballerina

بالریَن

/bă.le.ri.yan/

Fisherman

ماهیگیر

/mă.hi.gir/

Read the words for each picture and write the letters in their places.

با کمکِ شکل ها، هر کلمه را بخوان و صداهایش را در جدولِ روبرویش بنویس.

بَنّا

بالِریَن

ماهیگیر

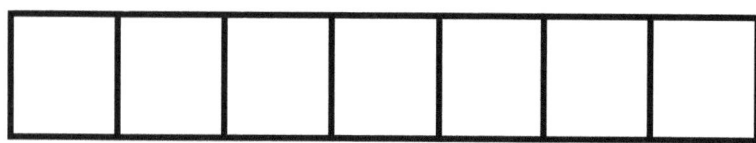

Connect each word to its picture.

هر کلمه را به شکلش وصل کن.

بالِریَن

دانِشجو

بَنّا

ماهیگیر

مُعَلّم

Find the word below in the puzzle.   کلمه‌ی زیر را در جدول پیدا کن.

بَنّا

ل	ه	ب	ض	ف	تـ
ج	نّ	ی	نّ	ا	ف
م	ر	ا	و	ل	چ
پـ	سـ	د	ر	ت	ا
کـ	بـ	نّ	ا	ز	ر
د	ا	ک	بّ	د	ی
م	ر	ذ	ا	شـ	ک

Write the letters for each word.

صداهای هر کلمه را بنویس.

بَنّا = ___ + ___ + ___

بالِریَن = ___ + ___ + ___ + ___ + ___ + ___

ماهیگیر = ___ + ___ + ___ + ___ + ___ + ___ + ___

Read the word for each picture and write the letters for each word in the puzzle.

با کمکِ شکل ها، هر کلمه را بخوان و جایش را در جدول پیدا کن.

ماهیگیر

بالِرین

بَنّا

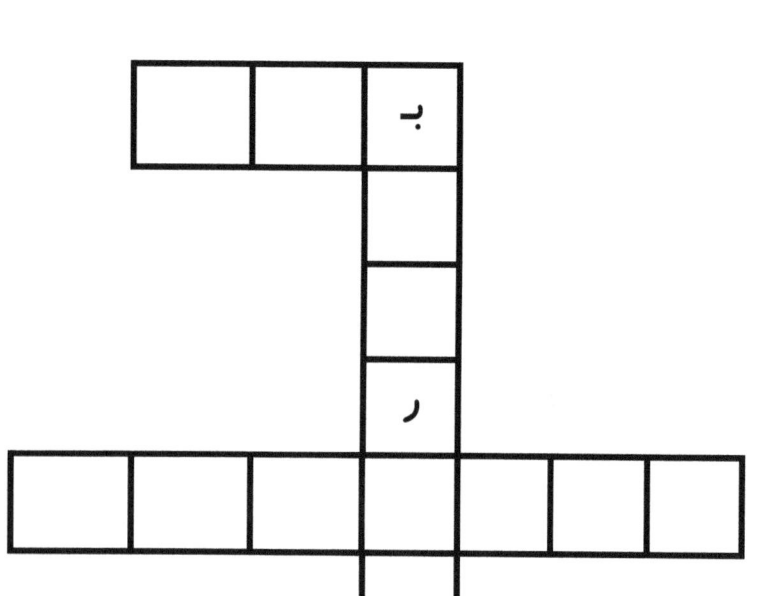

Connect each Persian word to its English meaning.

هر کلمه ی فارسی را به معادلِ انگلیسی اش وصل کن.

	بالرِیَن
Mason	
	باغبان
Secretary	
Ballerina	بَنّا
Fisherman	مُنشی
Gardener	ماهیگیر

Look at the picture and complete the sentence below.

به این شکل نگاه کن و جمله ی زیر را کامل کن.

این زن _____ است.

Exercise 8 — تمرین ۸

Judge

قاضی

/ğă.zi/

Policeman

پُلیس

/po.lis/

Mailman

پُستچی

/post.či/

Read the words for each picture and write the letters in their places.

با کمکِ شکل ها، هر کلمه را بخوان و صداهایش را در جدولِ روبرویش بنویس.

قاضی

پُلیس

پُستچی

Connect each word to its picture.

هر کلمه را به شکلش وصل کن.

پُستچی

قاضی

پُلیس

ماهیگیر

بَنّا

Find the word below in the puzzle.

کلمه ی زیر را در جدول پیدا کن.

پُلیس

ت	ف	ض	ب	ه	ل
ف	ظ	ل	ح	پـ	ج
چ	ل	س	ا	ر	م
ع	ا	ر	ی	ل	پـ
س	ی	ل	پـ	ت	ک
ی	د	نـ	ک	ا	د
ک	شـ	ا	ذ	ر	م

Write the letters for each word.   صداهای هر کلمه را بنویس.

قاضی = ___ + ___ + ___ + ___

پُلیس = ___ + ___ + ___ + ___

پُستچی = ___ + ___ + ___ + ___ + ___

Read the word for each picture and write the letters for each word in the puzzle.

با کمکِ شکل ها، هر کلمه را بخوان و جایش را در جدول پیدا کن.

پُلیس

قاضی

پُستچی

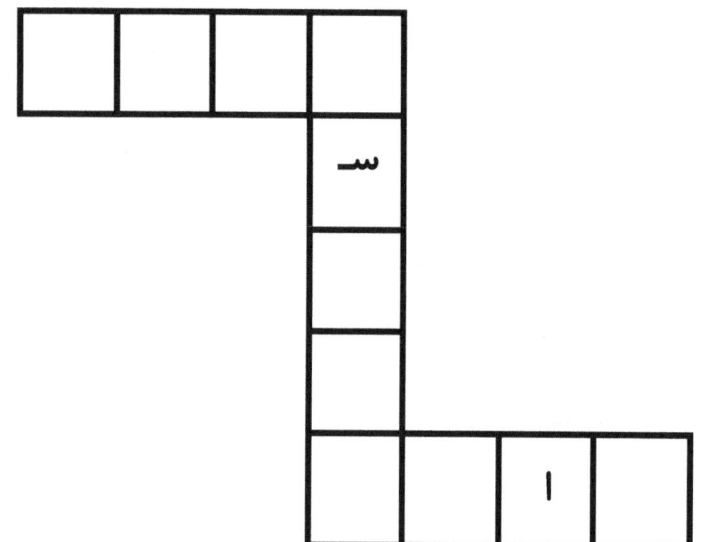

Connect each Persian word to its English meaning.

هر کلمه ی فارسی را به معادلِ انگلیسی اش وصل کن.

Fisherman

پُستچی

Judge

ماهیگیر

Policeman

خَلَبان

Mailman

قاضی

پُلیس

Pilot

به این شکل نگاه کن و جمله‌ی زیر را کامل کن.

Look at the picture and complete the sentence below.

این مرد _____ است.

Exercise 9

تمرین ۹

Photographer

عَکّاس

/‘ak.kăs/

Painter

نَقّاش

/nağ ğăš/

Writer

نویسَنده

/ne.vi.san.de/

Read the words for each picture and write the letters in their places.

با کمکِ شکل ها، هر کلمه را بخوان و صداهایش را در جدولِ روبرویش بنویس.

عَکّاس

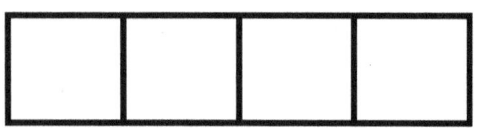

نَقّاش

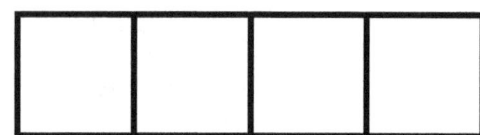

نِویسَنده

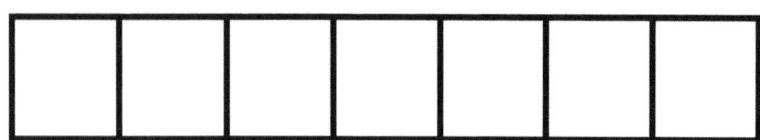

Connect each word to its picture.   هر کلمه را به شکلش وصل کن.

نِویسَنده

پُلیس

نَقّاش

قاضی

عَکّاس

Find the word below in the puzzle.

کلمه ی زیر را در جدول پیدا کن.

نِویسَنده

ل	ه	نـ	ض	ف	نـ
ج	پـ	و	ن	ظ	یـ
م	ر	یـ	و	ل	چ
پـ	ه	سـ	ر	ا	ه
کـ	تـ	نـ	چ	ز	د
نـ	و	د	نـ	د	ه
م	ر	ه	ا	شـ	ک

Write the letters for each word. صداهای هر کلمه را بنویس.

نَقّاش = ___ + ___ + ___ + ___

عَکّاس = ___ + ___ + ___ + ___

نِویسَنده = ___ + ___ + ___ + ___ + ___ + ___ + ___

Read the word for each picture and write the letters for each word in the puzzle.

با کمکِ شکل ها، هر کلمه را بخوان و جایش را در جدول پیدا کن.

عَکّاس

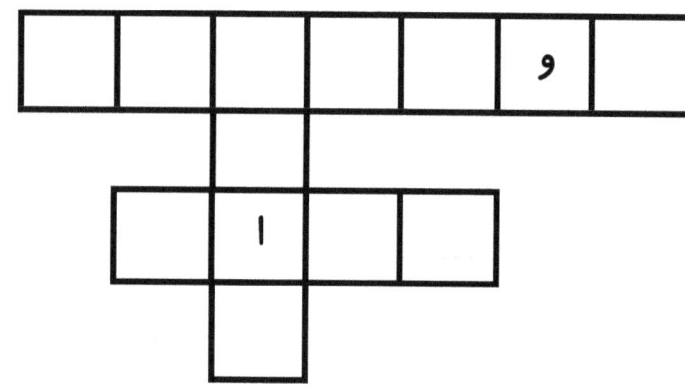

نَقّاش

نِویسَنده

Connect each Persian word to its English meaning.

هر کلمه ی فارسی را به معادلِ انگلیسی اش وصل کن.

Dentist	عَکّاس
Writer	مُنشی
Photographer	دَندانپِزِشک
Secretary	نَقّاش
Painter	نِویسَنده

Look at the picture and complete the sentence below.

به این شکل نگاه کن و جمله ی زیر را کامل کن.

این مرد _____ است.

تمرین ۱۰

Exercise 10

Tailor

خَیّاط

/ǩay.yăt/

Driver

رانَنده

/ră.nan.de/

Barber

آرایشگر

/ă.ră.yeš.gar/

Read the words for each picture and write the letters in their places.

با کمکِ شکل ها، هر کلمه را بخوان و صداهایش را در جدولِ روبرویش بنویس.

خَیّاط

رانَنده

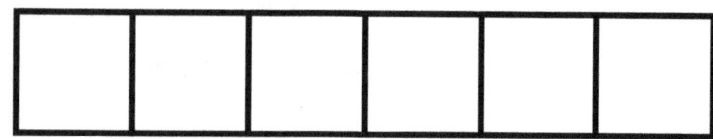

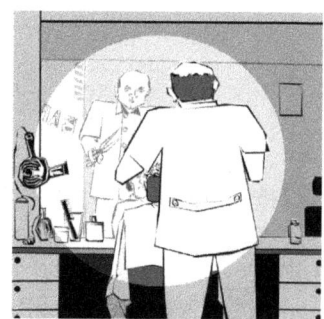

آرایِشگر

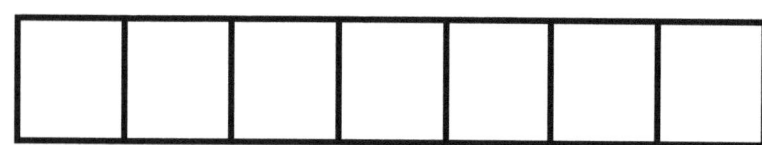

Connect each word to its picture.   هر کلمه را به شکلش وصل کن.

خَیّاط

نِویسَنده

آرایِشگَر

رانَنده

نَقّاش

Find the word below in the puzzle.

کلمه ی زیر را در جدول پیدا کن.

رانَنده

تـ	ف	ض	ب	ه	ل
ه	د	نـ	نـ	ا	ر
چ	ل	و	ا	ر	م
ه	د	ا	د	سـ	پـ
ر	ز	نـ	سـ	تـ	کـ
ی	د	نـ	ک	ا	د
ک	شـ	د	ذ	ر	م

Write the letters for each word.　　　　　　　　　　صداهای هر کلمه را بنویس.

خَیّاط = ___ + ___ + ___ + ___

راننده = ___ + ___ + ___ + ___ + ___ + ___

آرایِشگَر = ___ + ___ + ___ + ___ + ___ + ___ + ___

Read the word for each picture and write the letters for each word in the puzzle.

با کمکِ شکل ها، هر کلمه را بخوان و جایش را در جدول پیدا کن.

رانَنده

خَیّاط

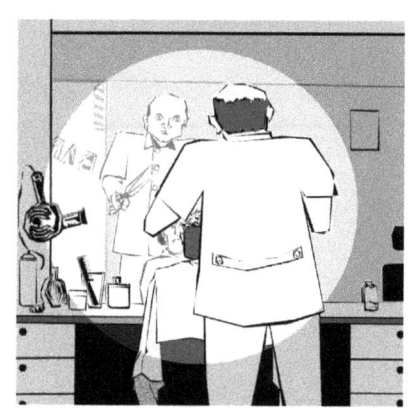

آرایِشگر

Connect each Persian word to its English meaning.

هر کلمه ی فارسی را به معادلِ انگلیسی اش وصل کن.

Scientist	خَیّاط
Barber	آرایِشگر
Driver	عَکّاس
Tailor	دانِشمَند
Photographer	رانَنده

به این شکل نگاه کن و جمله‌ی زیر را کامل کن.

Look at the picture and complete the sentence below.

این مرد _____ است.

Exercise 11

تمرین ۱۱

Actor

هُنَرپیشه

/ho.nar.pi.še/

Singer

خوانَنده

/kă.nan.de/

Instrumentalist

نَوازَنده

/na.vă.zan.de/

Read the words for each picture and write the letters in their places.

با کمکِ شکل ها، هر کلمه را بخوان و صداهایش را در جدولِ روبرویش بنویس.

هُنَرپیشه

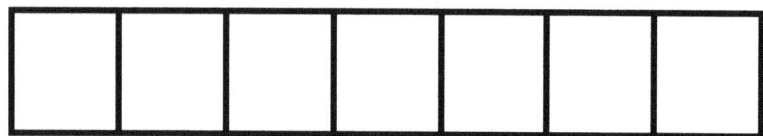

خوانَنده

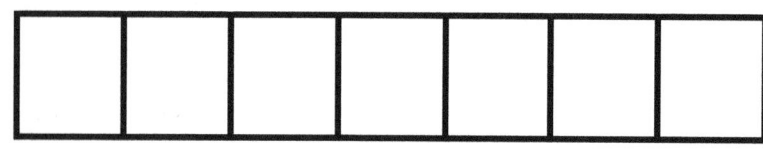

نَوازَنده

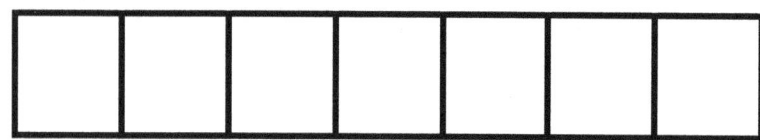

Connect each word to its picture.

هر کلمه را به شکلش وصل کن.

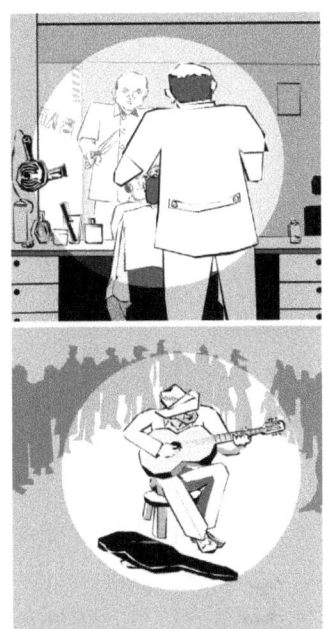

رانَنده

خوانَنده

هُنَرپیشه

نَوازَنده

آرایِشگَر

Find the word below in the puzzle.

کلمه ی زیر را در جدول پیدا کن.

خوانَنده

ت	خ	ض	ب	ه	ل
ف	و	ن	ح	پـ	خ
د	ا	نـ	ا	و	خـ
ه	نـ	ر	د	سـ	پـ
ر	نـ	چ	سـ	ن	ک
ی	د	نـ	ک	ا	د
ک	ه	ا	ذ	ر	ن

Write the letters for each word. صداهای هر کلمه را بنویس.

نَوازَنده = ___ + ___ + ___ + ___ + ___ + ___ + ___

خوانَنده = ___ + ___ + ___ + ___ + ___ + ___ + ___

هُنَرپیشه = ___ + ___ + ___ + ___ + ___ + ___ + ___

Read the word for each picture and write the letters for each word in the puzzle.

با کمکِ شکل ها، هر کلمه را بخوان و جایش را در جدول پیدا کن.

نوازَنده

خوانَنده

هُنَرپیشه

Connect each Persian word to its English meaning.

هر کلمه ی فارسی را به معادلِ انگلیسی اش وصل کن.

Actor	نَوازَنده
Singer	مُعَلِّم
Tailor	هُنَرپیشه
Instrumentalist	خَیّاط
Teacher	خوانَنده

Look at the picture and complete the sentence below.

به این شکل نگاه کن و جمله‌ی زیر را کامل کن.

این مرد _____ است.

کتاب های دیگر منتشر شده در مجموعه ی کمک درسی
Other Books Published in Activity Books Series

Let's Learn Persian Words
(Book One)
بیایید کلمه های فارسی بیاموزیم
(تمرین های کمک درسی)
کتاب اوّل
تهیه کننده: نازنین میرصادقی
تعداد صفحات: ۱۱۰

ISBN-13: 978-1939099006

Let's Learn Persian Words
(Book Two)
بیایید کلمه های فارسی بیاموزیم
(تمرین های کمک درسی)
کتاب دوّم
تهیه کننده: نازنین میرصادقی
تعداد صفحات: ۱۳۴

ISBN-13: 978-1939099051

Let's Learn Persian Verbs
بیایید فعل های فارسی بیاموزیم
(تمرین های کمک درسی)
تهیه کننده: نازنین میرصادقی
تعداد صفحات: ۱۳۸

ISBN-13: 978-1939099129

برای آشنایی با سایر کتاب های «نشر بهار» از وب سایت این انتشارات دیدن فرمائید.

To learn more about the other publications of Bahar Books
please visit the website.

Bahar Books

www.baharbooks.com